Jessica Masik

Femme fragil und femme fatale - Konstruktion zweier romantischer Figuren in Hammer-Horrorfilmen

GRIN Verlag

Bibliografische Information der Deutschen Nationalbibliothek:

Die Deutsche Bibliothek verzeichnet diese Publikation in der Deutschen National-
bibliografie; detaillierte bibliografische Daten sind im Internet über http://dnb.d-
nb.de/ abrufbar.

Impressum:

Copyright © 2012 GRIN Verlag GmbH
Druck und Bindung: Books on Demand GmbH, Norderstedt Germany
ISBN: 978-3-656-33994-6

Dieses Buch bei GRIN:

http://www.grin.com/de/e-book/206388/femme-fragil-und-femme-fatale-konstruk-
tion-zweier-romantischer-figuren

GRIN - Your knowledge has value

Der GRIN Verlag publiziert seit 1998 wissenschaftliche Arbeiten von Studenten, Hochschullehrern und anderen Akademikern als eBook und gedrucktes Buch. Die Verlagswebsite www.grin.com ist die ideale Plattform zur Veröffentlichung von Hausarbeiten, Abschlussarbeiten, wissenschaftlichen Aufsätzen, Dissertationen und Fachbüchern.

Besuchen Sie uns im Internet:

http://www.grin.com/

http://www.facebook.com/grincom

http://www.twitter.com/grin_com

Wintersemester 2011/2012
Fakultät I: Philosophische Fakultät
Fach Medienwissenschaften
Seminar: „Fade to Black - Gothic-Einflüsse in Film, Literatur und Musik"

Femme fragile und femme fatale-
Konstruktion zweier romantischer Figuren in Hammer-Horrorfilmen

BA Medienwissenschaften
5. Semester

Inhaltsverzeichnis

1. Einleitung

"In the privacy of a girls' school he sought his prey - turning innocent beauty into a thing of unspeakable horror!" Dieser Slogan von „The Brides of Dracula" der britischen Filmproduktionsgesellschaft Hammer Film Productions, lies sicher dem ein oder anderen Kinobesucher in den sechziger Jahren das Blut in den Adern gefrieren. Doch greift dieser Slogan zwei besondere literarische Frauentypen der Romantik in gewisser Weise auf: die unschuldige femme fragile, sowie ihren Antitypus, die laszive femme fatale. Seit den Fünfzigern verzeichnet Hammer große Erfolge mit Horrorfilmen. Besonders das Interesse an phantastischen Figuren wie Frankenstein, Dr. Jekyll und Vampiren war groß. Die Vampirfilme entführen den Zuschauer in das 19. bis 20. Jahrhundert an romantische Schauplätze, welche von einer dunklen Seite, dem Vampirismus, beherrscht werden. Oft sind es die unschuldigen Frauen, die als Nicht-Gestorbene dem Charme des Vampirs unterliegen und ihre erotische Ader ausleben. So beschäftigt sich die vorliegende Arbeit mit der Frage, wie der Hammer-Hammor, diese literarischen Frauentypen, femme fragile und femme fatale, in ihren Filmen konstruiert. Untersucht wird dies anhand zweier Filme: „The Brides of Dracula"[1] und „Lust for a Vampire"[2] .

Die Arbeit gliedert sich in eine theoretische Grundlage und eine Filmanalyse. Kapitel Eins stellt das literarische Fundament beider Frauentypen und der Genese der femme fatale zum Leinwandvamp dar. Mario Praz und Ariane Thomalla werden hier elementare Merkmale beider Frauenbilder anführen. Wichtig sind auch in diesem Kontext die gesellschaftlichen Umstände und der Zeitgeist des romantischen Jahrhunderts, die es zu verstehen gilt. So wird der historische Überblick mit der Vorstellung der femme fragile und femme fatale verbunden. Kapitel Zwei umfasst eine analytische Auseinandersetzung mit den Filmwerken, welche beispielhaft für die Beantwortung der Forschungsfrage herangezogen werden. Zuletzt behandelt Kapitel Vier in einer Schlussbetrachtung die Frage wie der Hammer Horror die Romantik in seinen Wesenszügen adaptiert.

---

2. Konstruktion und Ursprünge der femme fragile, der femme fatale und des Vamps

Femme fragile und femme fatale: zwei bedeutende Frauenbilder, die die romantischen Literaturwerke des 19. Jahrhunderts hervorgebracht haben. Die gegensätzlichen Frauentypen werden im vorliegenden Kapitel definiert und auf „Minimaldefinitionen"[3], sprich auf Merkmale, heruntergebrochen. Für die Definition der femme fragile stütze ich mich im Wesentlichen auf die Arbeit Ariane Thomallas' „Die "femme fragile". Die Auslegung der femme fatale ist komplexer und wird auch häufiger in Lektüren behandelt, beispielsweise in Standardwerken wie Mario Praz' „Liebe, Tod und Teufel. Die Schwarze Romantik", Gerd Stein's „Femme-fatale-Vamp-Blaustrumpf" und Carola Hilme's „Die Femme Fatale". Nach Untersuchung der Literatur wird deutlich, dass 'Autoren versuchen die femme fragile und femme fatale getrennt darzustellen. Die eine kann ohne die andere nicht "funktionieren". Beide Frauentypen müssen an einem Schauplatz existieren, um ihre extreme Gegensätzlichkeit zu verstehen. Das gesellschaftliche Bild kann aus den literarischen Frauentypen rekonstruiert werden. Herrschen gewisse gesellschaftlichen Umstände, ist das projizieren von verschiedenen Typen, wie der femme fatale und femme fragile, auf Frauen erklärbar. Man flüchtet in die Poesie und Literatur flüchtet, um dort zwei verschiedene Extreme zu beschreiben.[4] Das Folgende bietet einen Einstieg in die Epoche.

2.1 Von der Sehnsucht ins Düstere: Wie die Romantik schwarz wurde

Die Romantik bildet Hauptströmung der europäischen Kulturgeschichte für die Zeit von circa 1795 bis Mitte des 19.Jahrhunderts. Aus literarischer Sicht brachte diese Epoche vornehmlich Romane, Dramen und Gedichte hervor[5], die die Gefühlslage des Menschen gegen die vorherrschende Aufklärung und den Rationalismus aufgreifen.[6] Die Autoren dieser Zeit flüchteten ins Phantastische, denn Praz beschreibt die Romantik als eine „durch ihre Betrachtung

---

[3] Hilmes 1990, S.10.
[4] Vgl.Schuchter 2009, S.48
[5] www.uni-due.de/einladung/Vorlesungen/literaturge/romantik.htm (eingesehen am 22.03.2012).
[6] Vgl.Praz 1970, S.34.

3

hervorgerufene Gemütsbewegung."[7] Das Wesen der Romantik bestehe nun im Unaussprechlichen und verbinde diese Epoche mit Magie, Sehnsucht, „vor allem aber mit Wörtern, die unaussprechliche Seelenzustände ausdrücken."[8] Aber je mehr die Aufklärung und der Rationalismus die Literatur beherrschen würden, „desto resoluter drängten auch das Düstere, das Irrationale und das Häßliche zur Darstellung."[9] Eine Ästhetik des Schaurigen etabliert sich als Element in der Literatur. Die Romantiker entdecken die „Nachtseite" der Epoche[10], die Schwarze Romantik. Merkmale der Morbidität, des Irrationalen und das Thema Tod (vor allem in Verbindung mit Schönheit[11]) gewinnen an Attraktivität. Das Werk „Liebe, Tod und Teufel. Die Schwarze Romantik" von Mario Praz wird als Standardlektüre für französische und englische Schwarzromantik aufgeführt. [12] Hierbei beschäftigt er sich mit der Erotik als eines der ausgeprägtesten Elemente dieser Unterströmung. Erotik und Sexualität waren ein tabuisiertes Thema im viktorianischen Großbritannien. Durch die Technisierung und Industrialisierung florierte dessen Wirtschaft, was neue Gesellschaftsklassen hervorbrachte: die dekadente Oberschicht, die vom Wachstum profitierte und die Arbeiterklassen. „Die Intimsprache der Sexualität im 19.Jahrhundert war unverkennbar geprägt (…) durch die Sprache und Kultur der modernen Industriegesellschaft."[13] Sexualität wurde in den gesellschaftlichen Schichten unterschiedlich behandelt. Die "leichten" Mädchen der unteren Klassen, verdienten sich oft ihr Geld mit Prostitution, obwohl der Frau die selbstbestimmte Ausübung ihrer Leidenschaft abgesprochen wurde. „Das Unverständnis für bestimmte Sachverhalte der menschlichen Sexualentwicklung"[14] und die repressive Behandlung des Themas führt zu „Hungererfahrungen"[15], welche zu Ausflüchten in das Wunschdenken ausgelebter Sexualität leite. Wie später dargelegt, konnte sich der Mann an der Frau an seiner Seite, in der Décadence meist eine femme fragile, nicht ausleben, da sie idealtypisch asexuell sein soll.[16]

---

[7]   Praz 1970, S.39
[8]   Ebd., S.40.
[9]   Brittnacher 1994, S.10.
[10] Ebd.,S.7.
[11] Vgl. Praz 1970, S.45.
[12] An dieser Stelle seien auch wichtige europäische Autoren wie E.T.A Hoffman („Die Elixiere des Teufels" 1815/1816), Mery Shelley, englische Vertreterin der *gothic novels* (=Schauerliteratur) („Frankenstein" 1818) erwähnt.
[13] Marcus 1979, S.15
[14] Marcus 1979,S.118.
[15] Ebd., S.234.
[16] Ebd.

4

Das Fin de siècle beschreibt als ein gesamteuropäisches Phänomen, eine Grundstimmung der Jahrhundertwende, ziemlich genau von 1890 bis 1914, geprägt von Endzeitstimmung, Tod und Vergänglichkeit und bildet somit den letzten Höhepunkt der Romantik. „Absterbende Ideale" und „dichterische Erzeugnisse (...) erscheinen angefüllt vom Pessimismus "müder" Seelen."[17] - hier drückt sich die schwarze Romantik aus.

2.2 Femme fragile- Die zerbrechliche Frau

Der Begriff der femme fragile, "die zerbrechliche Frau", beschreibt das, was man sich bildlich unter diesem Begriff vor Augen führt. „[Ihre] körperliche Zartheit fungiert als Spiegel einer seelischen Subtilität"[18.] Das heißt, so wie ihr Äußeres aussieht, demnach sieht es in ihrem Gefühlsleben aus: sie ist sehr zart und „ihre ätherische Seelenschönheit, anämische Kränklichkeit und unterentwickelte Weiblichkeit sind nicht weniger morbide (...)".[19] Ihr bleicher und durchscheinende Teint[20] und kindlich junges Aussehen[21] verraten die ihr zugesprochene Schwäche. Auch leidet sie unter Schwindsucht, eine unter den Romantikern "moderne", gar elegante Krankheit,[22]da viele Liebende und Künstler zu dieser Zeit der Tuberkulose erlagen und die Krankheit so an Sinnlichkeit erlangte. Ihr zerbrechliches Aussehen und fragiles Innenleben weist auf Todesnähe. Stauffer unterstellt der femme fragile eine Art Asexualität, was von ihrem kindlichen Dasein abgeleitet werden könne[23]. Sie lebe jenseits aller Leidenschaften und übe „schamhafte Zurückhaltung"[24.] Dies bedeutet eine Verneinung des Lebens und jeglicher weiblicher Entwicklung. Blickt man einmal hinter die kindliche Fassade, so vermutet Thomalla, sieht man, dass in dem zerbrechlichen Geschöpf erotische Wunschträume und „Destruktionsgelüste eines teuflischen Vamps"[25] schlummern. Die Sexualität ist im Grunde gegeben, nur wird diese verdrängt. Hilmes umschreibt die femme fragile vor diesem Hintergrund auch als „Verdrängungsfigur des Eros". [26]

[17] Asholt,1993, S.175.
[18] Stauffer 2008, S.80.
[19] Thomalla 1972, S.13.
[20] Vgl. Ebd., S.26.
[21] Vgl. Ebd., S.13.
[22] Vgl.Stauffer 2008, S.114.
[23] Vgl. Ebd, S.81.
[24] Ebd.
[25] Thomalla 1972, S.60.
[26] Hilmes 1990, S.28.

Doch scheint man(n) in diesem Infantilismus die perfekte Geliebte zu finden, mit der er eine seelisch- geistige Liebe ausleben kann. Im Vergleich zu dem Mann, der als aktiver Teil der Gesellschaft agiert und für den Liebe keine Notwendigkeit ist eine Partnerschaft zu führen, „fallen für die Frau Leben und Lieben zusammen."[27] Die Frau sei dem Mann also untergestellt, beziehungsweise unterwürfig und scheint so passiv zu sein, gerade weil ihr der emotionale Part zugeschrieben wird. Sie stehe nicht in Verbindung mit Rationalität.[28] Jedoch leite man davon eine Selbstdisziplin ab, jenseits der zugesprochenen Emotionalität, um stets eine gute Frau für ihren Mann zu sein, besonders in der Öffentlichkeit. Aufgrund einer vorherrschenden strengen Sexualmoral, sucht die femme fragile Schutz an der Seite ihres Mannes und lebt monogam.[29]

Der Kleidungsstil der femme fragile zeigt dieses "eingesperrt sein" auf. Der weibliche Körper wird unter Miedern und Korsetts eingeschnürt.[30] Ihre klassische Farbe ist weiß: Mit dieser Farbe werden Reinheit, Keuschheit, aber auch Todesnähe konnotiert. Thomalla setzt den zeitlichen Rahmen für die „Blütezeit" der femme fragile auf 1890 bis 1906.[31]

Bevor die nächste Definition folgt, soll das bleibende Bild der femme fragile wie das eines "Duftgebildes" sein. „[Es entsteht] flüchtig vor dem Auge, ohne einen fragilen und kunsthaften Charme zu zerstören."[32]

2.3 Die Femme fatale in ihrer Mannigfaltigkeit- Die Schönheit ohne Gnade

Wer ist diese "verhängnisvolle" Frau, die mit ihrem Auftreten ganze Schauplätze beherrscht und sich als beliebtes Motiv seit eh und je durch Mythen, Kunst und Literatur zieht? Immerzu wird sie als männerverschlingend und energieraubend charakterisiert. Ihren Reiz macht besonders ihre stark erotisierte Weiblichkeit und selbstbewusste Aura aus. Als „dämonische Verführerin"[33] bindet sie Männer an sich und infiziert sie mit ihrem mörderischen Begehren bis zum Tod.[34]

---

[27] Ebd., S.22.
[28] Vgl. Schoder 2009, S.19,23.
[29] Vgl. Schoder 2009., S.22.
[30] Ebd.
[31] Vgl.Thomalla 1972, S.14.
[32] Ebd., S.15.
[33] Hilmes 1990, S.236.
[34] Vgl.Bronfen 2004, S.84.

Mario Praz hat in seinem Werk „Liebe, Tod und Teufel. Die schwarze Romantik" der "belle dame sans merci" ein ganzes Kapitel gewidmet. Er etabliert somit einen Überbegriff und ein Schema für diesen Frauentypus der femme fatale.[35]

Die femme fatale steht in der Tradition der „biblischen Skandalfiguren wie Salome, Judith und Dalia", auch die antike Kleopatra gilt als eine Vorfahrin der femme fatale der Romantik.[36] Sie ließ ihre Liebhaber, mit denen sie eine Nacht verbrachte, am nächsten Morgen umbringen.[37] So sind in erster Linie Liebhaber der femme fatale junge Männer. Sie verhalten sich passiv und; „er ist unbedeutend und der Frau an Stellung und physischer Kraft unterlegen."[38] Seine Lust ist zugleich Leid. Die Literatur hält nach Praz bis heute „an der Untrennbarkeit von Lust und Leid fest, und in der Praxis suchte sie nach Themen, welche die gequälte und entstellte Schönheit zum Gegenstand haben."[39] Hilmes betont, dass mit der femme fatale ein Weiblichkeitsbild entworfen wurde, Wunsch-und Angstbild zugleich, das im Fin de siècle die Spitze erreicht.[40] So existiert mittels der Bilder ein Trend zum Masochismus, in welchem Männer eine sexuelle Befriedigung in Erniedrigung ihrer selbst verspüren.[41] Inmitten einer Zeit, geprägt von Untergangsstimmung um die Jahrhundertwende, werden literarische Konzepte einer Frau entworfen, die sie, durch den deutlichen Bezug zur Wollust und triebgesteuerten Verhalten, in das Licht einer Hure rücken und ihr eine sündige Aura verleihen. Dieser aufgedrückte Stempel wirft sie ins gesellschaftliche Abseits. Sie wird zur Wunschprojektion und „als literarische Figur ein Protest gegen die bürgerliche Doppelmoral"[42],was heißt, dass das sexuelle Vergnügen in der Öffentlichkeit negiert wurde, aber hinter verschlossenen Schlafzimmertüren jeder Bürger seinen Schäferstündchen nachging. „Die Ungleichheit zwischen den Geschlechtern" ließ Mitte des 19.Jahrhunderts die Männerphantasien wieder lauter werden. Phantasien, „in denen Frauen angst -und lustvoll einen Sonderstatus zugewiesen bekommen."[43] Den Zustand der "Verwirrung", wie in der Doppelmoral, findet man in der „Vorliebe für den androgynen Typus" wieder. Er beweist, dass Funktionen und Ideale der Frau in der Realität nicht mit den

---

[35] Vgl.Praz 1970, S.195.
[36] Stein 1985, S.12.
[37] Vgl.Praz 1970 nach Gaultier, S.182.
[38] Ebd.,S.183 und 195
[39] Ebd., S46.
[40] Vgl.Hilmes 1990, S.5.
[41] Vgl.Ebd.,S. 184.
[42] Vgl. Ebd.,S.227.
[43] Stein 1985 belegt nach einem Zitat von Hany Meyer, S.12.

7

Wunschbildern übereinstimmen. [44] Da die femme fatale durch ihre hocherotisierte Weiblichkeit und der Unterwerfung der Männer ein gewisser Machtstatus zuteilwird, sei ihr Geschlecht (sex) zwar immer noch weiblich, jedoch ihre sozial geprägte Geschlechtlichkeit (gender) ist tendiere zum männlichen. [45] Der wichtigste Unterschied zur zarten Frau läge im „starken, perversen Geist und unbeugsamen Willen". [46] Eros und Macht seien in gewisser Hinsicht untrennbar. Eine ruinöse Synthese, die Männer und sich selbst ins Verderben stürzt. „Die femme fatale ist nicht nur für die Männer, sondern auch für sich fatal."

Algernon Charles Swinburnes Text von 1868 „Ein Frauenkopf aus der Schule Michelangelos" liefert eine gute Beschreibung dessen, welches Bild man sich von der femme fatale vor Augen führen kann, wenn man über diese literarische Figur stößt: Sie ist „stets über alle Maßen schön und unsagbar grausam, (...) blaß vor Stolz und müde vor Missetaten, (...). Sie ist die tödlichste Verkörperung der Venus." [47] Ihr Charakter wird durch ihr Äußeres widergespiegelt. Ausgeprägte sekundäre Geschlechtsmerkmale, wie ein großer Busen, unterstreichen die Weiblichkeit zusätzlich.

Die femme fatale soll im Weiteren als die verderbenbringende Frau in Erinnerung behalten werden: „Sie [soll] den Mann dort treffen wo er wirklich verwundbar [ist], nämlich nicht in seiner Vernunft oder seiner Moral, sondern in seinem Gefühlshaushalt und in seinem Geschlechstrieb." [48]

Als Zwischenfazit ist festzuhalten, dass beiden Frauentypen ein mythologisches Vordenken vorausgeht. Als mythologischer Begriff haben sie Einzug in die Literatur gefunden und so wurden zwei literarische Figuren geboren, denen wir einen Namen geben können: femme fragile und femme fatale. Wie Hilmes auffällt, erhalten die Figurationen durch die Benennung eine Umwertung. Das Bild der Jungfräulichkeit und die verbundenen Ideale erfahren einen positiven Aufschwung. Das „Schreckbild der Hure" [49] wird aufgewertet. Beide treten als begehrenswerte Geschöpfe auf, als Verführerinnen, die zerstörerische Partnerschaften mit Männern eingehen. Während die femme fatale Männer korrumpiert, ist die femme fragile wehrlos.

---

[44] Vgl.Praz 1970, S.18.
[45] Vgl.Ebd, S. 184, auch belegt in Schoder, S.18
[46] Stauffer 2008, S. 83.
[47] Stein 1985, S.45-46.
[48] Brittnacher 1994, S.177.
[49] Vgl. Hilmes 1990, S. 31

Die Figur der femme fatale kann auf die Vampirin übertragen werden. Flocke beschreibt „die Erscheinung der der Vampirin der ihres männlichen Pendants vorgängig."[50], gerade in literarischer oder mythologischer Gestalt der femme fatale. Einzug in die Literatur erhält der Vampir in Gestalt des klassischen Graf Dracula, einer der bedeutendsten Figuren der Horrorliteratur, durch Bram Stokers gleichnamigen Roman„Dracula", veröffentlicht in 1897. Die weibliche Blutsaugerin vereint die Charakterzüge der femme fatale auf sich. Sie sei blutrünstig entfesselt, bricht weibliche Konventionen und wird dadurch zum Gegenstand der gesellschaftlichen Ausgrenzung.[51] Ein besonderes Merkmal der Vampirgattung, sind nicht nur die aristokratischen Wurzeln, auch der Biss ist elementar, um das frische Blut des wehrlosen Opfers zu trinken. Dieser Biss sei ein sexuell symbolischer Akt eines Kusses, wobei das Opfer das Gefühl von Kontrollverlust und der völligen Unterwerfung erfährt.[52] Diese Unterlegenheit ruft Ängste hervor, aber scheint die Überschreitung von Konventionen in der gedanklichen Vorstellung reizvoll, weil gerade der Vampirin als eigentlich passives weibliches Wesen nun „aktives Unterwerfen" ihres Opfers zugeschrieben wird, während ihr Mund, die vagina dentata ("gezähnte Vagina"), in den Hals des Mannes eindringt, um ihn regungslos zu stellen.[53] Wie die femme fatale „bietet [sie] in maliziöser Genüßlichkeit den Tod als einen hocherotischen Opfergang (…) dar"[54] Erwähnt sei zum männlichen Vampir, dass auch er die Verführerrolle inne hat, er aber weiß die Kontrolle über sich zu wahren. Ohnehin wird ihm diese Tatsache abverlangt mit seiner makellosen Schönheit und Triebhaftigkeit Frauen für sich einzunehmen.[55] Hierzu ist festzuhalten, dass das "Festgelegt sein" auf Geschlechterrollen aufgebrochen wird: Der Vampirismus ermöglicht die „männlich besetzte Aktivität bei Frauen und weiblich besetzte Passivität bei Männern".[56]

Und schon bald schaffte es die Vampirin auf die Leinwand. Die femme fatale wirkt in Form des Vamps bis in die Filme des 20. Jahrhunderts und bis heute. An diesem Punkt bedürfen die drei Fraueninszenierung einer begrifflichen Abgrenzung voneinander. Die femme fatale bietet die Basis an mythologischer

---

[50] Vgl.Flocke 1999, S.7.
[51] Vgl.Ebd.
[52] Ebd., S.10.
[53] Vgl. Flocke 1999, S.12.
[54] Stein 1985, S.17.
[55] Vgl.Edb, S.68.
[56] Flocke 1999, S.166

und literarischer Vorgeschichte. Erst diese Basis bietet das Verständnis für das Begehren oder Furcht vor der Vampirin und dem Vamp seit etwa des Fin de Siècle. Doch während mit der Vampirin die spitzzahnige Blutsaugerin assoziiert wird, rauben der Vamp und die femme fatal den Verstand des Mannes. Während die Vampirin auf einen literarischen Ursprung zurückblicken kann, gewinnt der Vamp erst durch Film„A Fool there was" (1915) an Form.[57] Die weibliche Hauptrolle Theda Bara prägte das Bild der Vamp-Frau, „die ihren Körper als Köder [benutzte], um sich attraktive und wohlhabende Männer anzulachen."[58] Doch allen ist der Einsatz ihrer Verführungskünste, um das andere Geschlecht zu verführen, und ihre Definition über die sexuelle Schiene, gemein. So bricht die kinematographische Form der femme fatale alle Tabus und tritt„nun gegen die "jungfräulichen" Ehegattinnen des bürgerlichen Filmhaushalts an."[59]

3. Hammer Horror und die Renaissance der Romantik – eine Fallanalyse

Denken wir an Dracula-Filme, Stars wie Christopher Lee und Peter Cushing, an Horrorfilme, die so manche Klischees an die Spitze treiben, so denken wir an die Hammer Film Productions. Ihre Vampirfiguren umgeben sich gern mit schönen Frauen, die aus den Hammer Filmen nicht mehr wegzudenken sind. Wie die Frauentypen femme fragile und femme fatale in Hammer Horror Filmen konstruiert werden, wird im vorliegenden Kapitel untersucht.

3.1 The Brides of Dracula

Die junge Lehrerin Marianne Danielle (Yvonne Monlaur) ist auf den Weg zu ihrer neuen Stelle an einem Mädchenpensionat in Transsylvanien, wo sie gutes Benehmen und Französisch unterrichten soll. Durch einen unglücklichen Zwischenfall wird sie freundlicherweise in Baronin Meinsters (Martita Hunt) Schloss aufgenommen. Auch wenn sie vor dem angeblich geisteskranken Sohn (David Peel) der Baronin gewarnt wird, lässt sie sich trotzdem vom selbigen überreden, ihn von seinen angelegten Ketten zu befreien. Der junge Baron, als Vampir vom Geiste des Draculas befallen, bricht aus, um weitere Untote, vor

---

[57] Belegt in Praz 1970, S.187-188 und Dijkstra 1999, S.21.
[58] Vgl.Dijkstra 1999, S.21.
[59] Ebd.

allem junge Mädchen, für seine bösen Zwecke zu missbrauchen. Ohnmächtig wird Marianne von Dr. Van Helsing (Peter Cushing) aufgefunden. Als Arzt, der sich mit Vampirismus beschäftigt, ist er im Dorf unterwegs, um zu forschen.Währenddessen häufen sich im nahegelegenen Dorf die Todesfälle junger Frauen. Für Dr. Van Helsing ist mehr als klar, was sich dahinter versteckt und vermutet die Wurzel allen Unheils im Schloss Meinster.

Erschienen ist der Film 1960 als eine Fortsetzung von „Dracula"(1958), unter Regie von Terence Fisher. In Deutschland wurde der Filme von der FSK ab 16 Jahren freigegeben und in Großbritannien ab 15 Jahren.[60]

Vor dem Hintergrund meiner Begriffsdefinitionen, verkörpert Marianne den Typ der femme fragile. Marianne ist ein junges, kränkliches und zartes Geschöpf. Ihre Haut ist anämisch perlblass, ihre großen braunen Rehaugen und ihre zarte helle Stimme unterstreichen ihr kindlich naives Wesen. Immerzu wird sie ohnmächtig und friert, sodass ihr eine Decke gereicht werden muss. Ihre Ohnmachtsanfälle werden „im ästhetischen Licht des Décadence romantifiziert und verklärt. Krankheit war für das Fin de Siècle identisch mit geistiger Verfeinerung"[66] Auch die neue Umgebung und die Fremde trägen ihr zu, so traut sich Marianne Gina, einer Lehrkraft am Pensionat, an.

Mariannes Haare sind streng hochgesteckt und ihre Kleidung eng anliegend. Ihre Lehrerstelle für gutes Benehmen und Französisch, sowie ihre Kleidung zeigen, dass das Fräulein aus gebildeten und wohlhabenden Hause kommt.

Ihre Naivität zeigt sich in vielerlei Situationen: Nachdem sie die Postkutsche auf dem Weg zum Mädchenpensionat in einem Wirtshaus absichtlich zurücklässt, glaubt Marianne nicht an böse Absicht. Sie wird von Baronin Meinster ins Schloss eingeladen und sagt unverzüglich, der ihr fremden Frau, zu. Trotz aller Warnungen der Baronin vor ihrem Sohn, Baron Meinster, sucht Marianne ihn in seiner Kammer auf und empfindet Mitleid für ihn. Sie lässt sich vom gut aussehenden Baron befehlen, die Schlüssel seiner Fußfesseln von seiner Mutter zu stehlen, ohne überhaupt seine Vorgeschichte zu hinterfragen. Unterwürfig willigt sie ein und bestiehlt ihre Gastgeberin. Die Schönheit das Vampirs macht sie willenlos und wehrlos, ohne ihr überhaupt zu nahe zu treten. „Seine erotische Anziehungskraft ist seine Waffe im Kampf gegen das Gute ohne direkte Gewalt

---

[60] Quelle: British Board of Film Classification (BBFC)
[66] Thomalla 1972, S. 29.   11

anzuwenden."[65] Nach seiner Freilassung und einer Konfrontation mit der Baronin, stürzt sich Marianne in die "schützenden" Arme des Barons und fürchtet sich auf einmal vor der Person, die sie einst schützend ins Schloss aufgenommen hat, als sie vom Kutscher vergessen wurde. Das Bedürfnis nach Sicherheit an männlicher Seite hebt ihre Fragilität hervor. Dieses Aufeinandertreffen beschwört eine Polarisierung der Charaktere herauf. Die Baronin wird zunehmend negativ konnotiert und der Baron-Vampir als harmloses Opfer seiner eigenen Mutter.

Schnell erweckt Marianne den Eindruck einer mehr emotional als rational handelnden Person, was das Bild der femme fragile bestätigt. Schon nach der zweiten Begegnung mit Baron Meinster, der nach seinem Ausbruch aus dem Schloss im Mädchenpensionat auftaucht, glaubt sie ihn zu lieben. Ohne das Fräulein überhaupt gefragt zu haben, verkündet er überraschend, dass er sich mit ihr so eben verlobt habe. Marianne blickt unentwegt vergötternd zu ihm hoch, widerspricht aber kein Wort. Dass Baron Meinster für die Todesfälle der Mädchen verantwortlich ist, scheint ihr bis dahin noch gar nicht in den Sinn zu kommen. Die Frage, ob Marianne den Baron liebt, bejaht sie aus tiefsten Herzen und hofft ihn bald wiederzusehen. Eine Szene, die die Naivität und die Unerfahrenheit in Liebesdingen betont. Jedoch zeigt dies auch die sexuelle Ungefährlichkeit Mariannes, was den größten Unterschied zur lasziven femme fatale markiert. Diese "Liebe" kann den Zuschauer nicht überzeugen,denn ihre Beziehung besitzt keine Tiefe. Hier bestätigt sich der Punkt der Lieblosigkeit in literarischen Konstruktionen viktorianischer Beziehungen. Offensichtlich wird Marianne im Vergleich zu den anderen Bissopfern von Anfang an emotional gefügig gemacht.Von männlicher Seite aus besteht nicht die Notwendigkeit eine tiefergehende Relation einzugehen. Gefühle müssen keine beziehungsgrundlegende Basis bilden.

Vor allem unterstreichen diese Szenen beispielhaft die weibliche Passivität. Sie leistet keine Widerworte und erhebt nie ihre Stimme. Von den Männern in ihrem Umfeld lässt sich sich behüten, da sie wehrlos wirkt: der Baron beschützt sie vor seiner Mutter, wo es eigentlich nichts zu beschützen gibt; Dr. Van Helsing umsorgt sie sehr: nach ihrem Zusammenbruch im Wald, bringt sie persönlich ins Mädchenpensionat, ratet ihr davon ab sich alleine ins Schloss Meinster zu begeben, lässt sich von ihm retten und rennt in der finalen Szene in seine Arme.

---

65   Oetjen 1995,S.156.   12

Jedoch ist der Doktor mehr wie ein Vater für Marianne als ein potenzieller Partner. Gina und das Mädchen aus dem Dorf, welche an einem Vampirbiss gestorben ist, sind ebenso femmes fragile. Gina sieht kränklich aus wie Marianne, hat eine zartes, zerbrechliches Aussehen und spricht mit leiser Stimme. Sie schwärmt nach einer Begegnung mit dem Baron für ihn. Hier finden sich unerfüllte Liebe und Sehnsucht als Romantikmotiv wieder. Hypnotisiert und widerstandslos lässt sie sich von Baron Meinster beißen, als er urplötzlich in ihrem Zimmer steht- ein weiterer Passivitätsmoment. Das Dorfmädchen ist bereits tot als sie im Film eingeführt wird. Lediglich charakterisieren sie der Pastor des Dorfes und ihr Vater als ein „gutes Kind", das sich nichts hat zu Schulden kommen lassen.

An Gina und dem Dorfmädchen lässt sich allerdings auch eine Transformation zur femme fatale durch einen Vampirbiss nachvollziehen. Sie sind stark genug um als „Nicht-Gestorbene" aus ihrem Grab zu steigen- Von Schwäche und Krankheit also keine Spur. Ihr Haar tragen sie offen, ihre Augen sind weit aufgerissen, ein weißes Gewand umspielt ihre zierliche Figuren - ein Ausbruch aus der "Eingeschnürtheit" aus Korsetts und Miedern. Mit einem schelmischen Lächeln blitzen ihre spitzen Eckzähne, das Merkmal der Vampire, hervor. Ihre Haut ist fast so weiß wie ihr Gewand. Sie sehen wie Tote aus, doch bedeutet diese Wesenswandlung ein Neuanfang als lebende Untote.

Als sich Vampirin-Gina und Marianne gegenüber stehen, ist dies ein Aufeinandertreffen von femme fatale und femme fragile. Gina spricht in verführerisch tiefer Stimme: „I want to kiss you, Marianne. (…) Say that you forgive me for letting him [Baron Meinster] love me." Ihre Aussage ist weg von der Vorstellung eine monogame liebevolle Beziehung mit einem Mann zu führen und trägt lesbische Züge. Wie im vorangegangenen Kapitel deutlich wurde, ist die femme fatale sehr frei in ihrer Sexualität. Sie möchte aus dem Fräulein, Marianne, eine der Bräute der Barons[67] machen.

Auf den ersten Blick scheint Baronin Meinster eine femme fatale zu sein. Die alte Dame hat ein strenges Erscheinungsbild. Doch das Bild einer "bösartigen" Frau wird im Laufe des Film widerlegt. Die Furcht vor einem männliches Wesen, ihrem Sohn und das Fehlen einer sexuellen Aura entcharakterisiert sie als femme fatale. Ihr eigener Sohn beißt seine eigene Mutter, infiziert sie, jedoch sehnt sie sich

---

[67] Der Filmtitel „The Brides of Dracula" ist insofern verwirrend, da Dracula als Figur im Film nicht auftaucht

ihren Tod beziehungsweise ihre Erlösung herbei. Als die Baronin auf Dr. Van Helsing trifft, wirkt es so als schäme sie sich für das, was aus ihr geworden ist und versteckt ihre Eckzähne. Eine femme fatale stürzt vornehmlich Männer in ihr verderben, doch dies ist hier nicht gegeben.

3.2 Lust for a Vampire

Der junge Schriftsteller Richard Lestrange (Michael Johnson) trifft auf einer Höheren Töchternschule in der Steiermark auf die neue Schülerin Mircalla (Yutte Stensgaard) und verliebt sich augenblicklich in sie. Mircalla zieht auch den Lehrer Giles Barton (Ralph Bates) in ihren Bann, der sich außerordentlich für die Geschichte des alten Karnstein-Geschlechts und ihre Familiengeschichte interessiert. Mit der Ankunft Mircallas häufen sich die Todesfälle junger Mädchen im nahgelegenen Dorf und an der Schule. Was niemand weiß, Mircalla ist die Vampirin „Carmilla Karnstein"; wieder zum Leben erweckt durch ihre Familie. Mister Barton und die Dorfbewohner vermuten, wer hinter den Todesfällen ihrer Mädchen steckt. Doch der verliebte Lestrange ahnt nichts.

Die FSK gab den Film 1971 in Deutschland ab 16 Jahren und das BBFC gab ihn in Großbritannien ab 18 Jahren frei. [61] Er erschien als der zweiter Teil der „Karnstein"-Triologie unter Regie von Jimmy Sangsters. Die literarische Inspirationen bietet Joseph Sheridan Le Fanu´s „Carmilla" (1872).

Im Zentrum der Geschichte steht die junge Mircalla. So wird sie im Mittelpunkt der Konstruktionsfrage von femme fragile und femme fatale dieses Kapitels stehen. Bei ihrer Ankunft in der neuen Schule trägt sie „märchenhaft schöne, golden flutende Haarpracht." [62] und ein langes blaues Kleid. Ihr anständiges Benehmen, zum Beispiel lässt sie ihre Tante als Erste aus der Kutsche steigen, runden das Bild einer jungen unschuldigen Frau ab. Einzig der deutlich betonte Busen in ihrem geschnürten Kleid, verraten erste Züge einer femme fatale. Das anfängliche Desinteresse an Richard Lestrange und die anschließenden zärtlichen Berührungen mit ihrer Zimmerbewohnerin Susan bestärken den Hauch von Homosexualität. [63] Das gemeinsame Nacktbaden im See und das Küssen, das wie eine Mischung aus Freundschaft und Anziehung wirkt, zeigen einen offenen

---

[61] www.evi.com/q/what_is_the_age_rating_of_lust_for_a_vampire_in_the_united_kingdom
[62] Thomalla 1972, S.27.
[63] Vgl. Flocke 1999, S.96.

14

Umgang mit Sexualität.

Giles Barton lüftet bei einer Exkursion zum Grab Carmilla Karnsteins Mircallas Geheimnis, dass sie die wiedererweckte Vampirin Carmilla ist und bittet Mircalla um ein nächtliches Treffen. Diese Szene ist beispielhaft für die unterdrückte femme fatale in ihr, denn als sie zur Verabredung erscheint, scheint sie wie verwandelt: Im weißen Nachtgewand und offenen Haaren [64], ausgebrochen aus der kleiderlichen „Eingeschnürtheit" schreitet sie langsam an den Lehrer heran, was ihr eine mysteriöse Aura verleiht. Sie ist auf einmal mächtig und streng. Dass sie vor Barton´s Kruzifix zurückweicht, entlarvt sie für den Zuschauer als Vampirin. Barton macht aber mit Worten und Gestik deutlich, dass er Mircalla als Carmilla verfallen ist und ihr dienen möchte. Seine unterwürfige Geste durch das niederknien, macht das Mächtegefälle zwischen ihr und ihrem Lehrer deutlich. Mircalla blickt von oben auf ihn mit erniedrigenden Blicken herab. Sie gibt ihm den "Todeskuss", wobei die schöne Vampirin dem Bild der femme fatale gerecht wird; sie saugt einem Mann das letzte Stück Leben aus und lässt ihn liegen. Barton, der den Biss widerstandslos zulässt, ist hier in der Rolle weiblich konnotierter Passivität.[65]

Die Todesfälle junger Mädchen in Mircallas Umgebung deuten darauf hin, dass Mircalla vornehmlich Jagd auf das weibliche Geschlecht macht. Auf der Höheren Töchternschule hat sie leichtes Spiel, denn "harmlose" Mädchen, sprich femmes fragile, lassen sich manipulieren und verführen. Jedoch gelingt es ihr auch für einen kurzen Moment ihre Lehrerin Misses Playfair, also eine ihr übergestellten Person, in ihren Bann zu ziehen. In der Rolle der Mircalla ist sie den Mädchen gegenüber gleichberechtigt, doch in der Rolle der Carmilla ist eine „aktive Verführung des Opfers möglich".[66] Der Vampirismus ermöglicht es ihr also eine passive Frauenrolle zu übernehmen, welche ihre „antipassive Ausrichtung weiblicher Begierde[tarnt]"[67], was ihr ein aktives Ausüben ihres Triebes ermöglicht. Man kann beobachten, dass ihre weiblichen Opfer, wie auch Barton, durch Carmillas hypnotisierenden Blick in ihren Bann gezogen werden und sich ihr nähern, worauf sie erregt ihren Hals für den Biss hinhalten und wie erwartet, weiblich passiv sind. Eine deutlich lesbisch konnotierte Szene zeigt Carmilla auf

---

[64] Aspekt des „Ausbruchs aus der Eingeschnürtheit" vgl. Kapitel 3.1
[65] Vgl. Flocke 1999, S.96.
[66] Ebd.
[67] Ebd.

15

einem Mädchen liegend. Der Zuschauer sieht wie Carmilla sie mit Küssen verwöhnt und das Mädchen es stöhnend genießt. Im nächsten Augenblick wird durch eine Nahaufnahme auf Carmillas spitze Eckzähne klar, dass für die Bisse aller Verstorbenen verantwortlich ist. Das Mädchen im liegen zu beißen ist allerdings eine ungewöhnliche Pose für einen Vampirbiss.

Ihr Bild der femme fatale wird auch in einer nächtlichen Szene mit Mister Lestrane deutlich. Sie legt ihm auf sein Drängen ihre Identität offen, eine unübliche Geste unter Vampiren. Diesen Schwächemoment wandelt sie in ihren Gunsten um, indem sie Lestrange als „wirren Phantast„ erniedrigt. Sie spricht offen Zweifel an seiner Liebe aus. Man erinnere sich in Kapitel 3.1., dass Marianne als Prototyp der femme fragile nie Skepsis an der Liebe ihres "Verlobten" hegt. In einem Moment der Zuneigung lässt sich Marianne verführen, küssen und entkleiden. Genauso eine "Enthüllung" fand auch mit ihrer Identität statt. Offensichtlich genießt sie diese Nähe und ist hierbei einfach nur eine Frau mit allen weiblichen Attributen und die weibliche Passivität lässt einen femme fagile-Moment zu. Doch schafft sie es trotzdem Lestrange zu korrumpieren. Der junge Schriftsteller wird von Misses Playfair auf seine negative Charakteränderungen angesprochen, worauf er sich gegen die Anschuldigungen wehrt beziehungsweise sie nicht wahrhaben will. Die emotionale Manipulation durch Mircalla drängt ihn in die Rolle der weiblichen Passivität.

In der finalen Szene brechen die dunkle Seite und die femme fatale in Mircalla durch. Im Beisein ihrer Vampirfamilie kann sie ihrem blutrünstigen Trieb nicht standhalten und versucht ihn anzufallen, bevor sie von einem brennenden Baumstamm erschlagen wird. Selbst wenn beide Typen in einer Frau stecken, bricht die femme fatale mit ihrem erwähnten „starken, perversen Geist und unbeugsamen Willen".[68] heraus.

Nebenpersonen, die man dem Bild der femme fragile unterordnen kann, ist die Schülerschaft des Pensionats und im Dorfe. Ähnlich wie in „The Brides of Dracula" werden die betroffenen Mädchen nicht genauer eingeführt, jedoch als brave Wesen charakterisiert, die sich nicht herumtreiben würden. Sie sind nach Meinung der Schulleiterin in einem „empfindsamen Alter", zarte Seelen, denen man den Kontakt zu Lestranges Schauerliteratur abspricht. Als manipulierbare Mädchen verkörpern sie diese weibliche Passivität der femme fragile.

---

[68]   Stauffer 2008, S. 83.

4.Schlussbetrachtung: Wie hat der Hammer Horrror die Romantik adaptiert?

Dass Figuren, die ihre Höhepunkt in der romantischen Literatur finden nicht "von gestern" sind, setzt Hammer gekonnt um und schafft es die Frauenbilder stilvoll und geschmackvoll dem Zuschauer zu präsentieren. Das Adaptieren der Romantik geschieht schon durch das Einsetzen der femme fragile und femme fatale in einem Setting des 19.Jahrhunderts. Die Frauen sind allesamt gutausehende Damen. Während in „The Brides of Dracula" die Frauen jeweils eine bestimmte Rolle besetzen (beispielsweise Marianne als passive femme fragile, Gina durch Transformation als femme fatale), ist Mircalla in „Lust for a Vampire" die Unschuldige und als Carmilla, ihrer zweiten Identität, die laszive Vampirin. Viele Merkmale beider Frauentypen lassen sich in den Charakteren wiederfinden, womit man sie ohne Schwierigkeiten identifizieren kann. In den Hammerfilmen der sechziger und siebziger Jahren tragen die Damen jedoch weniger extreme Züge als in der romantischen Literatur beschrieben. Mariannes Blässe und junges Aussehen würden in der Romantik als Todesnähe interpretiert werden. Trotz weniger Ohnmachtsanfälle wirkt sie in „Dracula und seine Bräute" recht vital. Mircalla ist als Schülerin und femme fragile in ihr (menschliches) Umfeld integriert. Doch als Carmilla ist sie die „dämonische Verführerin" [69] die Männer in ihr verderben stürzt und so der literarischen Vorstellung der femme fatale gerecht wird, jedoch weniger blutrünstig, um den Biss bei Mann und Frau als „hocherotischen Opfergang"[70] ansprechend darzustellen. Beide Figuren haben gemein, dass ihre zurückhaltende und wehrlose Art eine anziehende Wirkung auf die Herrenwelt hat.

Ein Blick über die Geschichte des British Board of Film Classification (BBFC, vor 1984: British Board of Film Censores) zeigt, dass das Augenmerk in den Sechzigern und Siebzigern auf Sex und Gewalt im Film lag, was jedoch mit der Aufklärungswelle aufgelockert wurde. Hammer bediente sich in ihren Adaptionen an literarischen und bekannten Romanen. Um aber am Puls der Zeit zu bleiben, bot Hammer Anfang der Siebziger schon deutlich mehr optische Extravaganzen. Der Sexappeal in „Lust for a Vampire" ist deutlich höher als in Vampirfilmen zuvor. Viel nackte Haut, entblößte Brüste und das Spielen mit der Homosexualität

---

[69] Hilmes 1990, S.236.
[70] Stein 1985, S.17.

machten Sangsters' Film zeitgemäßer. „Die durchaus stimmige lesbische Liebes-
und Erotik-Phantasie war zur damaligen Zeit aber dennoch starker Tobak."[71] Das
romantische Zeitalter wurde bis dahin weitgehend benutzt, um den Zuschauern
aufzuzeigen, dass die Filmemacher die romantische Zeit adaptieren und dies als
guten Grund nahmen, Freizügigkeiten und andere Gegebenheiten so hinzunehmen
und ausgeschmückt darzustellen. Selbst die romantischen Bauwerke hat Hammer
detailgetreu nachgebaut und hinterließen durch die kräftigen Farben Eindruck
beim Zuschauer. So war die ein oder andere Umschiffung von Filmzensuren
erfolgreich. Stets hatten die Filmemacher in Gedanken, dass das Gezeigte der
Realität der romantischen Zeit entspricht und der öffentlichen Information dient.[72]
Demnach war die Rechtfertigung einfach, dem Film eine Prise Gewalt und Sex zu
verleihen.

---

[71] Seeßlen/Jung 2006, S.227.
[72] www.terramedia.co.uk/law/british_film_censorship.htm

I Literaturverzeichnis

- Asholt, Wolfgang: *Fin de siècle*, Stuttgart 1993

- Brittnacher, Hans Richard: *Ästhetik des Horrors. Gespenster, Vampire, Monster, Teufel und künstliche Menschen in der phantastischen Literatur*, Frankfurt am Main 1994

- Bronfen, Elisabeth: *Liebestod und femme fatale. Der Austausch sozialer Energien zwischen Oper, Literatur und Film*, Frankfurt am Main 2004

- Dijkstra, Bram: *Das Böse ist eine Frau. Männliche Gewaltphantasien und die Angst vor der weiblichen Sexualität*, Reinbeck bei Hamburg 1999

- Flocke, Petra: *Vampirinnen. "Ich schaue in den Spiegel und sehe nichts" ; die kulturellen Inszenierungen der Vampirin*, Tübingen 1999

- Hilmes, Carola: *Die Femme Fatale. Ein Weiblichkeitstypus in der nachromantischen Literatur*, Stuttgart 1990

- Marcus, Steven: *Umkehrung der Moral: Sexualität und Pornographie im viktorianischen England*, Frankfurt am Main 1979

- Oetjen, Almut: *Hammer-Horror- Galerie des Grauens*, 2. Auflage, Meitingen 1995

- Praz, Mario: *Liebe, Tod und Teufel*, München 1930

- Schoder, Angelika: *Blutsaugerinnen und Femme Fatales. Weibliche Vampire bei Leopold von Sacher-Masoch, Joseph Sheridan le Fanu und Bram Stoker*, Diedorf 2009

- Schuchter, Veronika: *Wahnsinn und Weiblichkeit. Motive in der Literatur von William Shakespeare bis Helmut Krausser*, Marburg 2009

- Stauffer, Isabelle: *Weibliche Dandys, blickmächtige Femme fragiles. Ironische Inszenierungen des Geschlechts im Fin de Siècle*, Köln[u.a] 2008

- Stein, Gerd: *Femme fatale- Vamp- Blaustrumpf. Sexualität und Herrschaft*, Frankfurt am Main 1985

- Seeßlen, Georg/ Jung , Fernand: *Horror. Geschichte und Mythologie des Horrorfilms*, Marburg 2006

- Thomalla, Ariane: *Die 'femme fragile'. Ein literarischer Frauentypus der Jahrhundertwende*, Düsseldorf 1972

Internetquellen:

- www.bbfc.co.uk/about/history-of-the-bbfc (eingesehen am 23.04.2012)

- www.evi.com/q/what_is_the_age_rating_of_lust_for_a_vampire_in_the_united_kingdom (eingesehen am 14.05.2012)

- www.uni-due.de/einladung/Vorlesungen/literaturge/romantik.htm (eingesehen am 22.03.2012)

- www.terramedia.co.uk/law/british_film_censorship.htm (eingesehen am 08.05.2012)

Filmverzeichnis:

- The Brides of Dracula (UK, 1960) [dt: Dracula und seine Bräute]
  Regie: Terence Fisher
  Produktion: Hammer Film Productions

- Lust for a Vampire (UK, 1971) [dt: Nur Vampire küssen blutig]
  Regie: Jimmy Sangsters
  Produktion: Hammer Film Productions